W9-AQR-433

Date: 6/18/2020

SP J 567.912 HAN
Hansen, Grace
Espinosaurio

Espinosaurio

Grace Hansen

Abdo
DINOSAURIOS
Kids

abdopublishing.com

Published by Abdo Kids, a division of ABDO, P.O. Box 398166, Minneapolis, Minnesota 55439.

Copyright © 2018 by Abdo Consulting Group, Inc. International copyrights reserved in all countries. No part of this book may be reproduced in any form without written permission from the publisher.

Printed in the United States of America, North Mankato, Minnesota.

102017

012018

Spanish Translator: Maria Puchol

Photo Credits: Alamy, AP Images, iStock, Science Source, Shutterstock, Thinkstock, ©Bramfab p.13,21 / CC-BY-SA-4.0, ©Ghedoghedo p.21 / CC-BY-SA-4.0

Production Contributors: Teddy Borth, Jennie Forsberg, Grace Hansen

Design Contributors: Dorothy Toth, Laura Mitchell

Publisher's Cataloging in Publication Data

Names: Hansen, Grace, author.

Title: Espinosaurio / by Grace Hansen.

Other titles: Spinosaurus. Spanish

Description: Minneapolis, Minnesota : Abdo Kids, 2018. | Series: Dinosaurios |
    Includes online resources and index.

Identifiers: LCCN 2017945913 | ISBN 9781532106521 (lib.bdg.) | ISBN 9781532107627 (ebook)

Subjects: LCSH: Spinosaurus--Juvenile literature. | Dinosaurs--Behavior--Juvenile literature. |
    Carnivorous animals, Fossil--Juvenile literature. | Spanish language materials--Juvenile literature.

Classification: DDC 567.912--dc23

LC record available at https://lccn.loc.gov/2017945913

Contenido

Espinosaurio

El Espinosaurio vivió en el período **Cretácico** hace 95 millones de años.

Los Espinosaurios eran

terópodos y comían carne.

Cuerpo

El Espinosaurio fue el más grande de los dinosaurios carnívoros. ¡Podía llegar a crecer más de 50 pies de largo (15.24 m)! Podía pesar más de 16,000 libras (7,257.5 kg).

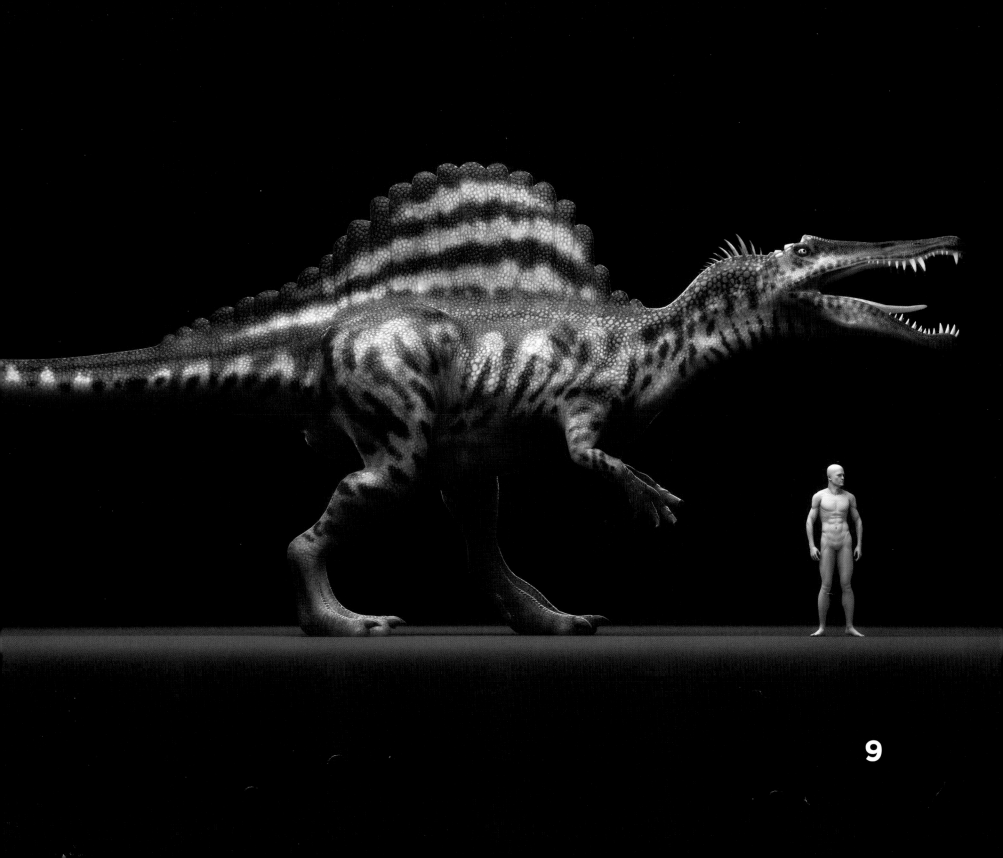

9

El Espinosaurio es conocido por su **vela** dorsal. Esta vela estaba formada de espinas conectadas por piel.

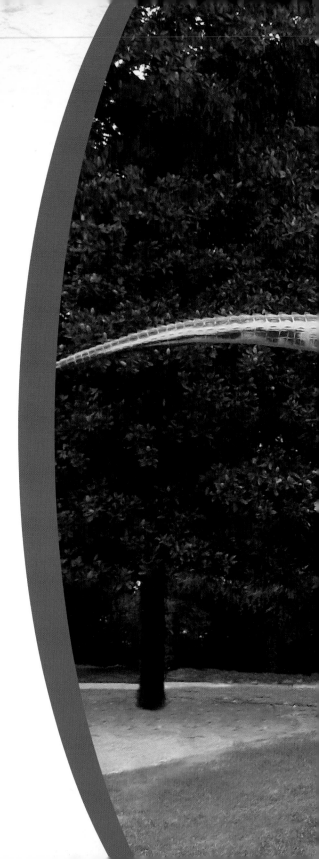

El Espinosaurio tenía los brazos cortos, pero sus patas eran fuertes con garras en los pies. Su larga cola componía casi la mitad del largo de su cuerpo.

Los Espinosaurios tenían la boca y **hocico** largos. Su boca se parecía a la de los cocodrilos. Además también tenían muchos dientes largos y puntiagudos.

14

Hábitat y alimentación

El Espinosaurio podía estar tanto en el agua como en la tierra. Probablemente se movía mejor dentro del agua. Se alimentaba de peces grandes. ¡Incluso de tiburones!

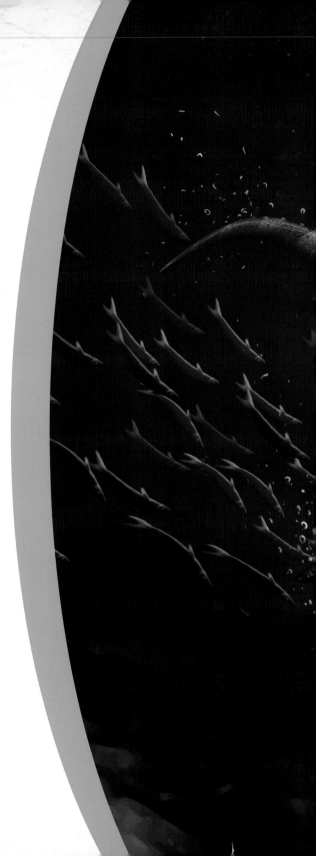

Fósiles

Se han encontrado fósiles de Espinosaurio en el norte de África. Durante el período Cretácico esta zona era zona de agua. Hoy en día es el gran desierto del Sáhara.

19

Sus primeros **fósiles** se encontraron en Egipto en 1912. En 2008 fósiles de un dedo y de la columna vertebral se encontraron en Marruecos.

Marruecos

Egipto

21

Más datos

- El museo que tenía los restos más completos de un Espinosaurio fue bombardeado en la Segunda Guerra Mundial. Los **fósiles** fueron destruidos.

- El **hocico** del Espinosaurio estaba lleno de dientes ampliamente espaciados. Esto les permitía atrapar peces y otros animales.

- La cabeza del Espinosaurio tenía la misma forma que los cocodrilos. Tan sólo era mucho más grande, alrededor de 5 a 6 pies de largo (de 1.5 a 1.8 m).

Glosario

fósil – restos o huellas de algo que vivió hace mucho tiempo, por ejemplo esqueletos o pisadas.

hocico – nariz y boca de algunos animales.

período Cretácico – rocas de este período tienen a menudo muestras de los primeros insectos y las primeras plantas con flores. El final de este período, hace 65 millones de años, llevó a la extinción masiva de los dinosaurios.

terópodo – dinosaurio carnívoro de diferentes tamaños, normalmente con dos brazos pequeños.

vela – especie de cresta ancha que algunos dinosaurios tenían en la cabeza, formada por espinas alargadas y en vertical. Probablemente la usaban para controlar la temperatura corporal.

Índice

Abdo Kids
ONLINE
FREE! ONLINE MULTIMEDIA RESOURCES

¡Visita nuestra página abdokids.com y usa este código para tener acceso a juegos, manualidades, videos y mucho más!

Código Abdo Kids:
DSK0390

24